Milet Publishing
Smallfields Cottage, Cox Green
Rudgwick, Horsham, West Sussex
RH12 3DE England
info@milet.com
www.milet.com
www.milet.co.uk

First English–Russian edition published by Milet Publishing in 2013

Copyright © Milet Publishing, 2013

ISBN 978 1 84059 830 8

Original Turkish text written by Erdem Seçmen
Translated to English by Alvin Parmar and adapted by Milet

Illustrated by Chris Dittopoulos
Designed by Christangelos Seferiadis

Printed and bound in Turkey by Ertem Matbaası

My Bilingual Book

Taste
Вкус

English–Russian

Milet

Close your eyes, taste this drink . . .

Напиток попробуй, закрыв глаза:

Water or soda, what do you think?

Газировка это или вода?

How do you know which one it is?

Как ты сможешь понять, что же ты пьешь?

Do your mouth and tongue feel a fizz?

Ощущаешь вкус во рту, – язык не проведешь!

Your mouth and tongue let you taste drinks and food.

Догадаться по вкусу ты сможешь всегда,

They tell you what tastes bad and what tastes good!

Язык поможет узнать, вкусен ли напиток или еда.

Your taste senses bitter, sour, sweet,

Твой вкус подскажет, где горько, где сладость,

and salty, like the crackers you eat.

И соленые ли крекеры тебе достались…

Some like the taste of chocolate best.

Многие дети любят вкус шоколада.

Most like the taste of medicine less!

Горьких лекарств никому не надо!

It's fun to think about yummy sweets,

Так здорово думать о вкусностях разных…

but eating too many is bad for your teeth!

Но для зубов они часто опасны!

Foods like peppers can be so hot!

Кушанья с перцем? Очень уж остро!

Your taste will tell you to eat them or not.

Стоит ли пробовать, – вкус решит просто.

Some tastes go together and some really don't mix,

Бывает, что вкусы не сочетаются.

like that banana and cheese sandwich you are about to fix!

Банан и сыр в одном сэндвиче не уживаются!

These delicious fruits deserve a nibble.

От этих фруктов прекрасных откусить бы кусочек…

They're good for your body and irresistible!

Для здоровья полезно, да и хочется очень!

Trying different foods makes your taste sense grow.

Пробуй разные блюда, балуй свой вкус.

Your world gets bigger, the more foods that you know!

Чем больше вкусов ты знаешь, тем шире мир вокруг!